Comment l'Alsace est devenue française

Comment l'Alsace est devenue Française

Armand Albert-Petit

Editions Le Mono

Collection «*Les Pages de l'Histoire* »

Connaître le passé peut servir de guide au présent et à l'avenir.

ISBN : 978-2-36659-650-2
EAN : 9782366596502

Pour qu'un Français puisse pénétrer en Alsace, il faut que l'ambassade d'Allemagne appose un visa à son passeport. Au préalable, l'ambassade transmet la demande au ministère de Strasbourg, et le ministère ordonne une enquête. La réponse se fait attendre d'habitude trois ou quatre semaines, et la plupart du temps cette réponse est un refus. C'est une affaire de caprice, de nerfs, et les nerfs excitables de nos voisins sont souvent agacés. Leurs hauts fonctionnaires sont pleins de méfiance ; les agents subalternes, qui exécutent leurs ordres, ont un zèle excessif pour leur service : ils savent que les abus de pouvoir et les brutalités trouvent facilement grâce auprès de leurs chefs, et que le zèle, fût-il immodéré, est le secret de l'avancement. L'entrée en Alsace a été refusée à des nourrissons, parce qu'on avait oublié de donner leur signalement sur le passeport de leur nourrice.

Un journal important de Berlin déclarait « que l'obligation du passeport est une mesure permanente, destinée à faire comprendre aux Français qu'ils ne sont plus chez eux en Alsace. »

L'Alsace, celtique dans l'origine, fut Welche jusqu'au IXe siècle, et elle revint à ses destinées primitives lorsque deux cents ans durant, le Rhin la sépara de nouveau de l'Allemagne.

L'annexion de l'Alsace à la France fut un chef-d'œuvre de politique intelligente et généreuse. Jamais conquérant n'eut plus de ménagement pour les libertés, pour les habitudes d'une population conquise. « Une noble province, profondément attachée à ses traditions, comprit dès le premier moment *qu'elle pouvait devenir française en restant elle-même. » Louis XIV mit son honneur à ne pas toucher aux institutions républicaines de Strasbourg.*

George Valbert,
«Deux Livres sur l'Alsace », 1889.

Comment l'Alsace est devenue française

L'Alsace était-elle française, — française de cœur et d'esprit, — au moment de son annexion sous Louis XIV ? Elle ne l'était pas plus, en dépit de la primitive communauté de race et d'histoire, que le Roussillon, la Franche-Comté ou la Flandre, réunis à la France à la même époque, et devenus aussi, en peu de temps, français pour toujours.

L'Alsace paraissait même moins facile à assimiler que les autres conquêtes de Louis XIV, et elle a en effet réalisé le miracle de se franciser sans s'assimiler, ce qui constitue son caractère propre, et ce qui explique toutes les confusions commises à son sujet. Comment ce miracle s'est-il accompli, c'est ce que nous voudrions exposer, dans la pensée que la leçon du passé peut être utile au présent, ou du moins à un avenir très proche. Nous laisserons d'ailleurs les faits parler d'eux-mêmes.

I

L'Alsace n'est pas devenue française aussi vite qu'on le répète communément. Il y a entre autres un document dont on a un peu abusé et qu'il ne faut pas prendre à la lettre. C'est une petite brochure qui date de 1709, et qui a pour titre : *Mémoire pour la Franche-Comté*. L'auteur anonyme y exprime des idées très flatteuses pour nous, à propos de l'attachement des Alsaciens pour la France. On y lit qu'il est « notoire que les habitants de l'Alsace sont plus Français que les Parisiens, » que leur reconquête par l'Empire ne donnerait « qu'un amas de terre morte pour l'auguste maison d'Autriche, et qui couvera un brasier d'amour pour la France, » enfin qu'on ne pourrait détacher les cœurs alsaciens du roi de France « que par une chaîne de deux cents ans. »

Ce témoignage serait à coup sûr très concluant, s'il était autorisé et désintéressé. Mais il convient de le ramener à ses justes proportions. Ceux qui l'invoquent l'attribuent au baron de Schmettau, ministre de Prusse, qui aurait distribué cette brochure aux représentants des Puissances alliées contre la France, réunis à La Haye en 1709. Ils s'appuient sur le témoignage des *Mémoires pour servir à l'histoire du XVIIIe siècle*, publiés à Amsterdam en 1735 par Lamberty, où il est dit que « ce ministre (Schmettau) présenta au conseiller pensionnaire Heinsius, au prince Eugène et au duc de Marlborough un long mémoire. » Et ce Mémoire, que publie Lamberty, est bien celui dont M. Emile Bourgeois a retrouvé un exemplaire authentique aux archives du ministère des Affaires étrangères. Mais Lamberty ajoute que le Mémoire n'était pas de Schmettau lui-même, car « ce ministre n'hésita point à ajouter le nom d'un qui produisit le Mémoire. »

Dès lors que le Mémoire en question n'est pas de Schmettau, il perd déjà beaucoup de son poids. Ajoutons que sa valeur documentaire est très diminuée par son caractère tendancieux : cette brochure a pour but précis de détourner les alliés de la conquête de l'Alsace pour les inciter à celle de la Franche-Comté. Le roi de Prusse en effet n'a rien à gagner dans l'Alsace, qui reviendrait à la maison d'Autriche, tandis qu'il pourrait espérer quelque chose dans la Franche-Comté, dont il est voisin par sa principauté de Neuchâtel.

Il est donc naturel que son ambassadeur exagère l'attachement des Alsaciens pour la France et l'inanité de tous les efforts qui pourraient être tentés pour les en détacher. C'est de bonne guerre diplomatique.

L'Alsace n'est pas devenue et ne pouvait pas devenir française si vite. Elle ne l'est devenue qu'en connaissance de cause et après réflexion. Qu'elle ne le fût pas au moment de son annexion, au moment des traités de Westphalie (1648), il n'y a pas lieu de s'en étonner. Non seulement l'Alsace n'était pas française, mais il n'y avait pas encore, à vrai dire, une Alsace.

L'Alsace n'était qu'une expression géographique. Certes, la nature avait tracé là un de ces cadres où une vigoureuse individualité provinciale devait trouver les meilleures conditions d'épanouissement, mais le flux et le reflux des invasions dans une région frontière disputée depuis la chute de l'Empire romain avait retardé l'œuvre de cristallisation historique, sans laquelle les régions les plus favorisées ne sortent pas du chaos. Il suffit de rappeler, même en gros, les stipulations du traité de Munster pour être édifié.

Tout le monde sait que ce traité nous a cédé l'Alsace, sauf Strasbourg. Mais cette formule simpliste ne répond pas à la réalité alors existante. Les termes mêmes de l'article 75 (*Les Grands Traités du règne de Louis XIV*, par H. Vast) sont d'une complexité qui donne à réfléchir. Voici la traduction littérale du texte officiel latin : « L'Empereur, pour lui et toute la sérénissime maison d'Autriche, et l'Empire de même, cèdent les droits, propriétés, domaines, possessions et juridictions qui jusque-là appartenaient à lui, à l'Empire et à la maison d'Autriche dans la place de Brisach, le landgraviat de Haute et de Basse-Alsace, le Sundgau, la préfecture provinciale des dix villes impériales sises en Alsace, à savoir Haguenau, Colmar, Schlestadt, Wissembourg, Landau, Obernai,

Rosheim, Munster au val Saint-Grégoire, Kaisersberg, Turckheim, et tous les pays et autres droits quelconques qui dépendent de ladite préfecture, et les transfèrent tous et chacun au Roi Très Chrétien et au royaume de France. » On voit déjà quelle variété de dominations s'enchevêtrent dans ce petit monde de l'ancienne Alsace. Cette complication va être aggravée par les articles suivants. L'un, l'article 76, précise que cette cession est faite « sans aucune réserve, avec pleine juridiction et suprématie et souveraineté à toujours... de manière que nul Empereur ni prince de la maison d'Autriche ne pourra ni ne devra jamais en aucun temps prétendre ou exercer (*usurpare*) aucun droit et pouvoir sur les susdits pays. » Et l'article 79, abondant dans le même sens, stipule que l'Empereur, l'Empire et l'archiduc Ferdinand-Charles délieront du serment de fidélité envers eux tous Etats, officiers et sujets des territoires cédés.

Voilà qui paraît clair. Mais l'article 89 intervient pour tout remettre en question. Le Roi Très Chrétien y « maintient dans leur immédiateté non seulement les évêques de Strasbourg et de Bâle, et la ville de Strasbourg, mais aussi les autres Etals immédiats de la Haute et de la Basse-Alsace, abbés de Murbach et de Lure, abbesse d'Andlau, abbé de Munster, comtes palatins de la Petite-Pierre (Lutzelstein), comtes et barons du Hanau, Fleckenstein et Obernstein, la noblesse de toute la Basse-Alsace. De même il laisse les dix villes impériales de la préfecture de Haguenau dans la liberté et possession d'immédiateté à l'égard de l'Empire dont elles ont joui jusqu'ici, de manière à ne pouvoir prétendre ultérieurement sur tous ces Etats aucune suprématie royale, mais à se contenter des droits qui appartenaient à la maison d'Autriche et qui sont cédés à la couronne de France par ce traité. » Evidemment, cet article ne se concilie pas avec les précédents. Et, pour porter au comble la confusion, l'article 89 finit lui-même par un paragraphe qui reprend ce que le corps de l'article avait accordé : « Pourtant (*ita tamen*) il est entendu que par la présente déclaration, rien n'est retiré de tout le droit de souveraineté cédé plus haut. » Cet *ita tamen* est un des triomphes de l'art d'embrouiller les textes.

Voilà en quels termes systématique-ment contradictoires, calculés pour sauver la face du vaincu sans rien retrancher des exigences du vainqueur, l'Alsace était donnée à la France. Il fallait que les conquêtes de la France se fissent, ou parussent se faire, aux dépens de l'Empereur, et non de l'Empire. C'est pourquoi l'Alsace était rattachée à la France sans être franchement détachée de l'Empire. Et cette solution bâtarde ne déplaisait pas autant qu'on pourrait le croire à la diplomatie française, qui envisageait volontiers la possibilité pour le roi de France de se faire élire empereur, ou tout au moins d'être représenté à la Diète, comme l'étaient le Danemark et la Suède pour leurs possessions d'Allemagne.

Notre but n'est pas de reprendre aujourd'hui l'éternelle polémique entre savants allemands et savants français sur l'étendue et la nature des droits et des territoires cédés au roi de France par le traité de Munster. Il nous suffit d'avoir fait remarquer l'état de division et d'émiettement dans lequel se trouvait l'Alsace à ce moment. A proprement parler, il n'y avait pas d'Alsace, mais un fouillis alsacien, ce qui devait à la fois faciliter et compliquer le travail d'incorporation de cette province à la patrie française.

II

Le caractère propre de l'Alsacien à travers les âges, c'est la passion raisonnée de l'indépendance, — non pas tant de l'indépendance nationale, dont il n'a jamais pu être sérieusement question pour un pays si restreint et si tardivement unifié, que de l'indépendance personnelle, fièrement accrochée au beffroi municipal, au clocher paroissial, au foyer familial.

Sur ce terrain, la monarchie française, même à une époque de centralisation croissante comme le dernier siècle de l'Ancien Régime, ne choquait pas à plaisir les habitudes comme le font trop souvent nos Etats modernes, incapables ou dédaigneux d'assouplir leurs méthodes gouvernementales et administratives aux susceptibilités les plus légitimes de leurs nouveaux sujets.

L'absolutisme d'un Louis XIV n'était pas tatillon. « La tradition, dit M. Madelin, était l'âme de ce régime. » Son principe conservateur l'inclinait à respecter les institutions locales, tant qu'elles n'étaient pas une entrave à « l'autorité du Roi ; » toute coutume lui était à première vue sympathique, si elle se pliait au « service du Roi ; » tout particularisme était toléré qui ne portait pas atteinte à l'unanimité de « l'obéissance due au Roi. »

Des complications, singularités et contradictions qui résultaient de la paix de Westphalie, le Roi pouvait donc s'accommoder et tirer même avantage. En fait, durant un quart de siècle, la royauté française resta hésitante entre les deux voies que le traité de Munster lui laissait ouvertes : une politique alsacienne ménageant les attaches impériales de la province et offrant au Roi des occasions continuelles d'intervenir dans les affaires de l'Allemagne, ou une politique d'extension des droits du Roi tendant à faire prévaloir l'interprétation française des clauses équivoques du traité de 1648. Au surplus, les troubles de la Fronde, pendant quelques années, ne permettaient guère à l'autorité royale de trop s'affirmer.

Pour les contemporains, cette date de 1648, qui marque un tournant décisif de l'histoire alsacienne, ne dut pas faire une très grande impression. On y vit surtout la fin de la guerre, mais le changement de domination se manifesta peu aux yeux médiocrement observateurs.

L'Alsace était occupée depuis dix ans par les troupes françaises, et depuis longtemps on ne s'attendait plus à les voir partir. Il y avait pourtant des yeux plus perspicaces. Déjà, au mois de mai 1645, le député de Colmar au Congrès de Westphalie, Jean Balthasar Schneider, mandait à ses commettants : « L'Alsace se tirera difficilement des mains de la France. »

A Colmar également, le chroniqueur Nicolas Klein raconte que son oncle, revenant du congrès après la paix signée, coupa court aux félicitations en disant : « Nous deviendrons certainement tous Français, et si je ne dois pas voir cela moi-même, mes fils le verront à coup sûr. Il faut donc qu'ils apprennent tous le français. » Et, dès l'année suivante, le jeune Nicolas, âgé de douze ans, allait en France s'initier aux secrets de la langue de Vaugelas. Mais cette clairvoyance était rare : on voit d'ailleurs qu'elle n'avait rien de très hostile.

La royauté française se trouvait en Alsace en face de deux catégories d'acquisitions. Son autorité se substituait sans conteste à celle de la maison d'Autriche dans les domaines héréditaires de cette maison, c'est-à-dire dans le Sundgau et une grande partie de la Haute-Alsace. Ici, la France acquérait une « possession. »

En Basse-Alsace, au contraire, le landgraviat était beaucoup moins un territoire qu'un « titre, » conférant des droits féodaux mal définis et un protectorat fort vague sur les dix villes impériales de la préfecture de Haguenau. L'œuvre de la France sera de transformer ce titre en une réalité territoriale, de faire du landgraviat en Basse-Alsace au moins l'équivalent de ce qu'il était en Haute-Alsace, en attendant mieux, mais sans rien brusquer, en respectant même l'immédiateté garantie nominativement à tant de minuscules seigneuries par le traité de Munster.

On comprend après cela une foule de faits qui seraient inconcevables dans nos Etats modernes. Tous ces Etats immédiats continuent à être représentés à la Diète et au Cercle du Haut-Rhin, ils paient les impôts de l'Empire et de leur Cercle, ils doivent fournir leur contingent pour les guerres d'Empire, ils portent leurs appels devant la

Chambre impériale de Spire, ils prennent le deuil à la mort de l'Empereur en 1657. Est-ce à dire que la France hésite sur son droit et sur la légitimité de l'interprétation qu'elle donne au traité de Westphalie ? En aucune façon. Mazarin écrivait à M. de Vautorte, son envoyé à la Diète de Ratisbonne en 1652 : « La cession de l'Alsace est conçue en des termes qui en donnent clairement la souveraineté au Roi, sans aucune dépendance de l'Empire. » Après quoi, il reconnaissait volontiers, dans les mêmes instructions, que le point de vue allemand était tout autre, et il n'en contestait nullement la valeur. Sans doute, et nous l'avons dit, l'idée que cette ambiguïté pourra servir à l'occasion est pour beaucoup dans cet éclectisme, mais il faut y voir aussi le reflet de conceptions féodales qui n'avaient pas encore disparu. On était habitué aux situations compliquées, mal définies, contradictoires. « Les frontières entre les peuples, dit M. Lavisse, sont à présent raides et abruptes, autrefois elles étaient molles. » Rien de plus juste, et c'est même une des raisons pour lesquelles un changement de frontière était naguère moins douloureux. Il était moins senti, parce qu'il était moins sensible.

Les premiers efforts pour donner à l'Alsace une organisation française ne furent ni immédiats, ni radicaux. Le comte d'Harcourt, nommé tout d'abord lieutenant-général du Roi en Haute et Basse-Alsace et grand-bailli (*landvogt*) de Haguenau, était un grand seigneur fort mêlé à la Fronde, très accessible aux tentations de l'Empereur qui faisait miroiter à ses yeux l'éventualité d'une principauté d'Alsace dont il serait le bénéficiaire sous la suzeraineté peu gênante de l'Empire, séjournant d'ailleurs rarement dans la province par suite des commandements militaires qui lui furent confiés durant la Fronde des Princes. Les circonstances étaient éminemment favorables aux velléités d'indépendance des seigneurs et des villes dont la situation était ambiguë. Un des hommes qui connaissaient le mieux le pays, M. de Baussan, neveu de Michel Le Tellier, d'abord intendant des finances à Brisach, puis « intendant de la justice, police, finances et vivres, » en Alsace de 1645 à 1655, dérivait de Colmar à son oncle, le 20 septembre 1650 : « La plupart de ceux qui doivent demeurer en vertu du traité de paix sous l'obéissance du Roi feront ce qu'ils pourront pour faire croire qu'ils sont de l'Empire. » Les édits tendant à habituer les habitants à l'idée du nouveau régime, comme ceux qui prescrivaient au clergé de ne faire mention dans ses prières que du Roi Très Chrétien et aux notaires d'agir de même dans les actes publics, avaient peu d'efficacité.

Les cités de la Décapole se dérobaient sous mille prétextes à l'obligation de recevoir le comte d'Harcourt comme grand-bailli et de lui payer la modeste redevance qui lui appartenait à ce titre. Il consentit même, pour en finir, à leur délivrer des lettres réversales où il s'engageait expressément à les « maintenir dans leurs franchises, possessions, libertés et immédiateté envers le Saint-Empire. » (11 juillet 1653.)

Le comte d'Harcourt fut désavoué, car le Gouvernement français ne tenait pas à préciser les stipulations savamment dubitatives de la paix de Westphalie. D'ailleurs, le moment approche où la fin des troubles va permettre une politique plus assurée en Alsace. Le comte d'Harcourt ne jouera plus qu'un rôle nominal, jusqu'au jour où il échangera son gouvernement contre celui de l'Anjou (1660), et la mort de M. de Baussan (1655) permit de mettre à la tête de la province comme intendant un homme de premier plan. C'est Colbert de Croissy, frère du grand ministre alors secrétaire de Mazarin, dont la famille commençait à se poser en face de la dynastie des Le Tellier. C'est lui qui va inaugurer la politique de rattachement de l'Alsace à la France. Colbert de Croissy n'avait encore que vingt-six ans, mais il avait déjà fait ses preuves. Il avait été intendant de l'armée conduite par le duc de Guise à la conquête fallacieuse du royaume de Naples, et il était présentement conseiller du Roi en ses conseils et intendant des ports de la Méditerranée en résidence à Toulon. A son titre d'intendant se joignit bientôt la charge de conseiller au Parlement de Metz. Il a vraiment inauguré le régime français en Alsace, avec décision, mais non sans diplomatie, comme il convenait a un futur ministre des Affaires étrangères.

Colbert de Croissy, malgré son tempérament autoritaire, n'avait pas la prétention de faire de l'Alsace une province centralisée et unifiée, comme l'étaient à peine les plus vieilles provinces du domaine royal. « Ne pas toucher aux choses d'Alsace » est dès lors la maxime favorite du pouvoir central. Le principe fécond de la politique de Colbert de Croissy, c'est que le roi de France doit représenter l'intérêt public contre les intérêts égoïstes des petits organismes locaux. L'Alsace, au sortir de la guerre de Trente Ans, éprouvait surtout le besoin d'un pouvoir fort, juste, supérieur aux querelles de clocher. Elle demandait à ce pouvoir de la préserver de nouvelles guerres, d'aider à sa convalescence en faisant régner l'ordre et la justice, de maintenir le *statu quo* religieux, de favoriser le repeuplement du pays et sa remise en culture. A cette œuvre le nouvel intendant apportait une bonne volonté qui n'était pas un vain mot, et une volonté qui ne se montrera inférieure à aucune difficulté. Les huit années de son administration (1655-1663) ne sont troublées par aucune guerre ; l'impôt royal pour toute l'Alsace est fixé en 1660 à 60000 livres seulement ; la population se relève par un afflux d'immigrants que favorise un Edit de novembre 1662, offrant des concessions de terres aux catholiques du dehors pour les attirer. Ce dernier point lui tenait fort au cœur, comme on le voit par un rapport de 1657, où il demandait un allégement d'impôt, « pour conserver du moins les habitants que l'on a présentement, puisque les guerres que le Roi a à soutenir ne permettent pas qu'on les puisse assez soulager pour en attirer d'autres…»

Il y avait là des bienfaits réels auxquels l'Alsace ne restait pas insensible, et à la faveur desquels les travaux d'approche de l'administration française, en vue d'un rattachement plus direct au royaume, se poursuivaient sans froissements ni violences vaines. La royauté ne demandait pas mieux que de respecter, à titre archéologique si l'on peut dire, tous ces microcosmes politiques rendus vénérables par un passé souvent glorieux, plus souvent encore douloureux. Elle pouvait laisser sans danger aux vieilles dynasties terriennes, comme aux oligarchies municipales des villes impériales, les détails administratifs et judiciaires de second ordre, pourvu que les unes et les autres fussent dociles et souples aux directions générales venues d'en haut. Grâce à cet effacement apparent des autorités royales, les couches profondes de la population, surtout dans les campagnes,

« se ressentent à peine de l'existence d'un ordre nouveau et n'ont que de rares points de contact avec les représentants de cet ordre de choses. » (Reuss, *l'Alsace au XVIIe siècle*, II, 2.) Mais, d'autre part, il fallait trancher, ou mieux dénouer, les derniers liens qui rattachaient l'Alsace, ou du moins une partie de l'Alsace, au Saint-Empire.

III

Colbert de Croissy s'y appliqua et résolut le problème en ce qui touche la justice. En cette matière, la complication semblait inextricable. La moindre cité, la plus modeste seigneurie avait le droit de haute et basse justice et en usait à son gré, sans qu'il y eût ni concours, ni coordination entre ces multiples juridictions. « Chaque prince est empereur sur son territoire, » disait-on fièrement. Il en résultait, en dépit de la roue ou du gibet qui se dressaient à la porte de presque chaque village, que les malfaiteurs avaient toutes les chances d'échapper au châtiment, s'ils n'étaient pris en flagrant délit et jugés sur place.

Au civil comme au criminel régnait la coutume locale : si elle ne suffisait pas, on invoquait la coutume générale, et ce n'est qu'en dernier lieu qu'on recourait au droit romain, tout à fait étranger aux prévôts et assesseurs des tribunaux inférieurs, et à peine moins inconnu des bourgeois appelés à siéger dans les tribunaux des villes. Tout cela n'était pas fait pour rendre uniforme l'administration de la justice. Même dans les cités les plus importantes, où il existe un rudiment de parquet, c'est-à-dire un greffier ou un avocat général professionnel chargé de diriger la procédure, la jurisprudence est on ne peut plus capricieuse. Un voleur est pendu, ou mis au pilori, ou simplement expulsé, sans que les dossiers nous permettent de discerner les motifs de ces différences de traitement.

Ce qui aggrave les inconvénients de cette anarchie judiciaire, c'est l'absence d'une juridiction d'appel commune, capable d'y mettre un peu d'ordre. En théorie, il existait bien un appel possible, au civil, devant les Chambres impériales de Rotweil ou de Spire. En fait, la Cour de Rotweil, créée par Conrad III, en 1147, ne connaissait guère que des litiges ayant un caractère administratif. Quant à la Chambre de Spire, créée par Maximilien Ier, en 1495, elle était moins délaissée, encore que les procès eussent la réputation méritée d'y coûter cher et d'y durer longtemps. D'ailleurs, la plupart des Etats immédiats avaient obtenu, au cours des âges, le privilège de juger en dernier ressort presque tous les litiges entre simples particuliers, et l'on peut penser qu'ils n'y tenaient pas médiocrement.

Quant aux tribunaux des domaines propres de la maison d'Autriche, ils étaient formellement exemptés depuis Charles-Quint de tout appel devant l'Empereur ou les Chambres impériales, et Colbert de Croissy, dans son grand *Rapport au Roi sur la situation de l'Alsace* (1663), cite les termes mêmes de l'Edit de Charles-Quint du 8 septembre 1530 à Augsbourg : *a sententiis in Austriacorum curiis latis nec ad imperatores nec ad cameram datur provocatio.* « En conséquence desdits privilèges, continue Colbert de Croissy, les princes de la maison d'Autriche établirent, en l'année 1623, une Chambre souveraine appelée Régence, dans la ville d'Ensisheim, qui est la capitale de la Haute-Alsace, laquelle Régence était composée du gouverneur de la province qui présidait, du chancelier, trois gentilshommes, trois docteurs en droit, un procureur général, un greffier appelé secrétaire et de quelques bas officiers ; et cette justice jugeait souverainement toutes matières civiles et criminelles, excepté néanmoins que l'on pouvait quelquefois se pourvoir par révision à la Chambre d'Insprück. »

Quand la monarchie française annexait une nouvelle province, son premier soin était d'y créer un Parlement, dont la souveraineté judiciaire était un des meilleurs agents de pénétration de la souveraineté royale. L'idée qu'il en irait de même en Alsace était si naturelle que, dès 1646, au moment où étaient discutées les conditions de la cession éventuelle du pays, une protestation préventive avait été formulée par les Etats immédiats de cette province contre la création « d'un nouveau Parlement, institution inusitée jusqu'ici en Allemagne. » Aucune trace de cette protestation, ni aucune promesse d'en tenir compte, ne figurent dans le traité définitif. La France n'avait pas voulu se lier les mains. Mais elle ne voulait pas non plus se créer des difficultés à plaisir en heurtant de face les habitudes, les droits et même les préjugés des populations nouvellement annexées. Il y a des résistances qu'une bonne politique évite de soulever. « Il est fâcheux, dit à ce propos un mémoire anonyme confidentiel, de ne demander pas ce qui est dû, et de n'entrer pas en possession de ses droits ; mais il est encore très fâcheux de demander et être refusé, et obligé à souffrir le refus, qui sert, en quelque façon, de titre à ceux qui le font.

C'est pourquoi il y a des personnes qui croient qu'il est à propos d'attendre un meilleur temps pour entamer cette affaire. » Ce mémoire est de 1649, suivant toute vraisemblance. Il indiquait la nécessité de procéder par étapes. Il fallait en effet : 1) affranchir la Régence d'Ensisheim de tout lien avec la Chambre d'Insprück ; 2) la transformer en un Conseil souverain ayant toutes les attributions d'un Parlement sans en porter le nom ; 3) étendre sa juridiction aux États immédiats sur lesquels elle ne s'était jamais exercée.

La première étape se fit sans bruit, sans secousse, à tel point que la date n'en saurait être exactement fixée. La Régence d'Ensisheim fut transférée à Brisach, resta présidée par le gouverneur, et on y fit simplement entrer, à côté d'anciens membres de l'ère autrichienne, quelques magistrats français. Ce changement de siège et de composition a dû se produire vers la fin de 1649. Naturellement, la nouvelle « Chambre royale de Brisach » dut se borner à exercer la juridiction sur les anciennes terres d'Autriche ; les autres États de la Haute comme de la Basse-Alsace continuèrent à porter leurs appels à Spire ou à juger sans appel, suivant les cas. Ajoutons que, malgré la présence de membres français, la Chambre de Brisach ne cessa pas de rendre ses arrêts en allemand, comme l'avait toujours fait la Régence d'Ensisheim, dont elle était l'héritière.

On en resta là jusqu'à l'arrivée de Colbert de Croissy comme intendant. Un de ses premiers rapports, — au commencement de 1657, — concluait à faire le second pas.

Il s'agissait cette fois de transformer la Chambre de Brisach, corps à la fois administratif et judiciaire comme l'ancienne Régence d'Ensisheim, en un Conseil souverain, uniquement, mais pleinement compétent en matière judiciaire, à l'image des Parlements.

Toutes les précautions étaient prises pour ménager les susceptibilités. L'édit de création rappelait que le Conseil devait « procéder en la même forme et matière que faisait la Régence d'Autriche, et conformément aux lois et ordonnances des empereurs et archiducs, coutumes, usages et privilèges particuliers des lieux sans aucune innovation. En outre, trois Alsaciens étaient appelés à faire partie du nouveau Conseil, dont un savant abbé, dom Bernardin Buchinger, et un gentilhomme de bonne maison, Georges-Frédéric d'Andlau. Parmi les quatre membres français, on peut citer, à côté de Colbert de Croissy, président, Bénigne Bossuet, conseiller au Parlement de Metz, père du futur aigle de Meaux. Enfin, le nouveau conseil était réintégré à Ensisheim, ce qui renouait la tradition et contribua peut-être à attirer à la cérémonie d'installation (4 novembre 1658) des représentants de tous les Etats de l'Alsace, succès moral très précieux. Les requêtes et les plaidoiries pouvaient être présentées en allemand aussi bien qu'en latin et en français, ce qui explique l'adjonction au Conseil de quatre secrétaires-interprètes.

Le Conseil souverain espérait bien, quoique les lettres patentes de fondation eussent évité de le dire expressément, que tous les appels de toutes les juridictions de l'Alsace lui seraient soumis. Il y eut un mécompte. En dehors des terres héréditaires d'Autriche, on continua, en Alsace, à s'abstenir d'appel ou à s'adresser à Spire. Le Conseil en fut sensiblement mortifié. Son président s'était fait, semble-t-il, illusion sur l'admiration qu'on éprouvait jusqu'en Allemagne pour nos Parlements et « leur façon de rendre la justice. » Un arrêt accusa « les baillis, prévôts, maires et autres officiers de justice, » de détourner par des manœuvres perfides les parties plaignantes d'en appeler au Conseil souverain. En fait, dans ce pays défiant et particulariste, où chaque petit Etat était avant tout jaloux de ses immunités et privilèges, l'échec de cette tentative de centralisation, si avantageuse qu'elle pût être pour la bonne administration de la justice, était à prévoir. Les populations ne comprenaient pas encore les bienfaits possibles du nouvel ordre de choses, et les pouvoirs locaux n'avaient aucun désir de les leur faire comprendre.

Pour franchir le pas décisif, il fallait que le gouvernement fût lui-même plus décidé qu'il n'avait pu l'être jusqu'alors. L'heure était venue où il était enfin libre de ses mouvements. La paix des Pyrénées délivrait la France de ses dernières préoccupations extérieures, et la mort de Mazarin laissait le pouvoir à un roi jeune, ambitieux, résolu à aller jusqu'au bout de son droit, et fort disposé à considérer ses prétentions comme la limite de son droit.

Louis XIV ne voulait rien brusquer, mais il entendait avancer. Puisque les Alsaciens boudent le Conseil souverain, le

Roi cherche une autre voie. Le Conseil souverain est supprimé et remplacé par un Conseil provincial, de compétence plus restreinte, et relevant lui-même du Parlement de Metz (1661). En réalité, ce n'est plus qu'un simple présidial, qui devait porter moins d'ombrage aux juridictions locales. Mais la suspicion reste la même ; les villes de la Décapole notamment persistent à aller en appel à Spire, en signe de manifestation autant que par besoin de justice, car elles n'avaient jamais tant usé de ce droit à l'époque où il ne leur était pas contesté.

Allait-on recourir à la contrainte ? Il n'en fut pas question. Tout au contraire, le Roi accepta, en 1665, que les réclamations des dix villes impériales contre les « usurpations » du grand bailli, qui est maintenant le duc de Mazarin, neveu du cardinal, seraient examinées à Ratisbonne par une Commission mixte, dont les membres princiers seraient désignés pour moitié par la France et par l'Empereur. Cette condescendance ne compromettait pas grand'chose. La Commission procéda avec la sage lenteur qui était de règle dans les affaires d'Empire, si bien qu'en 1672, au moment de la guerre de Hollande, elle en était encore à discuter sur le sens des termes contradictoires du traité de Westphalie, et notamment sur la nature de la souveraineté que ce traité accordait au roi de France dans la Décapole. La Guerre de Hollande coupa court à ces discussions de même qu'aux hésitations de la France. La solution purement française des obscurités de texte et de fait résultant de la paix de Westphalie est désormais la seule qui puisse être envisagée par la France. Il n'y a donc plus de raison pour éterniser les demi-mesures. La politique française s'oriente résolument vers une Alsace française, dégagée de ses liens germaniques.

La guerre tranchait par elle-même une première difficulté : elle rendait impossibles pour le moment les appels à la Chambre de Spire. Restait à triompher de la mauvaise volonté des juridictions locales, qui décourageaient les plaideurs malheureux d'en appeler au Conseil provincial. D'abord, ce conseil fut transféré à Brisach, la ville d'Ensisheim était décidément trop secondaire et « retirée de tout commerce. » Ce transfert qui est de 1674 donne au

Conseil plus d'assurance. Un arrêt du 1er juin 1675 menace de ses foudres les juges qui « empêcheraient par menace ou autrement les parties d'interjeter appel audit Conseil, ce qui est une entreprise contraire à la liberté publique. » Puis un nouvel arrêt du 6 septembre sommait tous les seigneurs qui s'étaient permis de créer des cours d'appel pour les jugements de leurs baillis, « ce qui est une entreprise contre l'autorité souveraine, » de produire dans les deux mois les titres sur lesquels ils appuyaient une pareille prétention. » Ceux qui ne le feraient pas en seraient déchus d'office. Quelques-uns s'exécutèrent ; la plupart se crurent plus avisés d'attendre le cours des événements, ce qui permit au Conseil d'interpréter leur silence comme un acquiescement.

A partir de ce moment, le Conseil accepte tous les appels et s'applique à réformer les jugements iniques ou abusifs. Il montre un souci de la justice, un zèle à défendre les victimes de l'arbitraire seigneurial qui étaient le meilleur moyen de réconcilier et de familiariser les populations avec la justice du Roi. L'équité et la politique pour cette fois faisaient bon ménage. A Sainte-Marie-aux-Mines, des bourgeois innocents avaient été emprisonnés et mis à la torture pour une affaire de vol, alors qu'aucune charge sérieuse ne pesait sur eux. Le Conseil condamne « le Magistrat, » c'est-à-dire la ville, à leur payer une indemnité, avec défense désormais « de jamais livrer l'accusé à la torture et de jamais prononcer la peine capitale, sans autorisation expresse des gens de justice du

Roi. » La peine du carcan, — on disait là-bas le violon, — est également interdite comme « inouïe en France, » et un bailli est frappé d'amende pour l'avoir infligée à une pauvresse qui avait eu la langue un peu trop vive.

Le sire de Freundstein avait frappé d'amende un pauvre veuf de soixante-douze ans, qui s'était remarié sans sa permission, et il avait mis la femme en prison, parce que le mari s'était sauvé pour ne pas payer l'amende. C'est le seigneur lui-même qui dut la payer, avec défense absolue de prononcer désormais prison, amende ou bannissement contre les habitants de ses fiefs, « cela étant affaire des juges et non la sienne. » Et cette mesure est généralisée par un arrêt du 1er septembre 1679, qui ne pouvait être ; accueilli qu'avec faveur par les pauvres gens peu habitués à être l'objet d'une pareille sollicitude. Cette popularité du Conseil de Brisach donna l'idée de lui conférer des pouvoirs plus étendus. Pour que son rôle de protecteur des populations contre les tyrannies locales pût porter tous ses fruits en Alsace, il était bon de l'émanciper du contrôle supérieur du Parlement de Metz. C'était revenir à la conception primitive du Conseil souverain d'Ensisheim, mais y revenir après la preuve faite des services qu'il était appelé à rendre. Les justiciables d'Alsace ne pouvaient d'ailleurs que gagner à être dispensés de démarches lointaines à Metz, en un pays de langue française.

La réforme fut donc présentée et accueillie comme une faveur, au lieu d'apparaître comme une mesure de francisation autoritaire. Le nouveau « Conseil supérieur d'Alsace, » qu'on nomma dans l'usage courant « le Conseil souverain » bien qu'il n'ait reçu officiellement ce titre que près d'un siècle plus tard, fut inauguré le 1ᵉʳ janvier 1680.

Le rôle du Conseil souverain dans la francisation de l'Alsace est réel, mais ce n'est pas par la contrainte qu'il s'est exercé. Le Conseil souverain d'Alsace s'est imposé à l'estime des Alsaciens en défendant leurs intérêts et en respectant leurs coutumes. Il s'applique à promouvoir les droits du Roi, non contre le peuple, mais contre les seigneuries et les aristocraties urbaines. Il fait aimer l'autorité du Roi en la montrant bienfaisante, autrement dit en montrant que l'intérêt du Roi est l'intérêt du peuple. Même à l'époque des Chambres de

Réunion, alors qu'il annexait à la France d'un trait de plume une foule de domaines qui tenaient à leurs vieilles libertés, le Conseil de Brisach défendait l'autonomie alsacienne. En voici un exemple de 1680. Le duc de Mazarin, qui n'était plus gouverneur de la province, mais qui avait hérité de son oncle la plupart des anciennes terres autrichiennes données par Louis XIV au cardinal en 1659, prétendit citer le chapitre de Thann, avec qui il était en procès, devant les tribunaux et le Parlement de Paris.

Le Conseil de Brisach, à cette occasion, obtint du Conseil d'Etat un arrêt qui défendait de traduire les sujets alsaciens hors de leur ressort judiciaire. Certes, il défendait là sa cause, mais aussi la leur.

De même pour la question des langues. Un arrêt du Conseil d'État du 30 janvier 1685, constatant que les actes de procédure continuaient à être rédigés en allemand bien que la plupart des officiers de justice connussent les deux langues, ordonna qu'ils seraient désormais écrits en français, « sous peine de nullité et de 500 livres d'amende ». Il n'y avait à cela aucune difficulté pour le Conseil souverain, mais, pour les tribunaux inférieurs, la gêne eût été grande.

L'arrêt resta inappliqué jusqu'à la veille de la Révolution. Dans l'édition des *Ordonnances d'Alsace* de 1775, il porte encore en note la mention : « non exécuté généralement. » Le Conseil souverain n'en exigea la mise en vigueur qu'au bout d'un siècle, en 1786.

Le Conseil souverain d'Alsace, ramené de Brisach à Colmar en 1698, après la perte de Brisach, s'était donc bien adapté à l'Alsace, tout en adaptant peu à peu l'Alsace à la France. Au commencement du XVIIIe siècle, un Alsacien resté au service de l'Empire, François d'Ichtersheim, écrivait dans sa *Topographie d'Alsace* parue à Ratisbonne : « Le Conseil souverain existe encore à Colmar et y fait régner stricte justice. Ce qu'il faut tout particulièrement louer chez les tribunaux français, c'est que les procès n'y durent pas longtemps. Les plus longs et les plus compliqués y sont terminés au bout de trois ans, révision comprise, et, après cela, il n'y a plus de retards, mais la sentence est immédiatement exécutée.

Les frais n'y sont pas considérables ; surtout, on n'y regarde aucunement à la situation des plaideurs, et l'on y voit tout aussi souvent le sujet gagner son procès contre son seigneur, le pauvre contre le riche, le serviteur contre son maître, le laïque contre un clerc, le chrétien contre le juif, que *vice versa*. Oui, le Roi lui-même accepte la juridiction du Conseil souverain pour des questions de droit et abandonne les prétentions que le procureur fiscal combat. »

Ce témoignage est de 1710, postérieur d'un an à celui de la brochure de Schmettau. Il n'implique pas que « les Alsaciens soient plus Français que les Parisiens, » mais il montre que la justice française, dont le Conseil souverain est la plus haute et la plus pure expression, a conquis leurs suffrages. La justice étant l'attribut le plus noble de la souveraineté, on peut dire que le Conseil souverain a droit de revendiquer une grande part dans le ralliement de l'Alsace à la souveraineté française.

IV

Depuis le commencement de la guerre de Hollande, depuis 1673, avons-nous dit, la monarchie française avait orienté franchement sa politique alsacienne vers une assimilation progressive de l'Alsace aux autres provinces françaises, ou, pour parler plus exactement, vers une affirmation plus nette et plus suivie de la souveraineté du Roi. C'est la guerre elle-même qui avait souligné la nécessité de ce changement d'attitude. Par un accord secret, la Hollande avait promis à l'Empereur de favoriser le retour de l'Alsace à l'Empire, et cette éventualité n'était pas pour déplaire à tout le monde.

Condé, qui commandait l'armée française sur le Rhin, avait fait couper par surprise le pont de Strasbourg, de peur qu'il ne fût livré à l'ennemi par « le Magistrat, » ou, en tout cas, mal défendu, et il exprimait, avec la liberté et peut-être l'exagération d'un soldat qui fait fi des ménagements diplomatiques, l'opinion que le Roi devait affirmer avec éclat son autorité, sous peine de la perdre. « L'autorité du Roi, écrit-il à Louvois le 30 juin 1673, va se perdant absolument en Alsace. Les dix villes impériales, bien loin d'être soumises au Roi, comme elles le devraient être par la protection que le Roi a sur elles par le traité de Munster, sont presque ennemies.

La noblesse de la Haute-Alsace va presque le même chemin... C'est un pied qui se prend. » Le Roi se montra : les fortifications de Colmar et des principales villes de la Décapole furent démantelées, et le gouverneur duc de Mazarin, dont Condé avait dénoncé la nullité, fut remplacé par Montclar (1679), soldat ne connaissant que sa consigne, qui n'accepta pas de restriction au serment de fidélité des villes de la Décapole. Partout les armes du Roi furent placées au-dessus de celles des cités et des seigneurs (1680), comme on met un point sur un *i*.

Mais il importe ici de ne pas faire de confusion. La souveraineté du Roi une fois hors de conteste, la royauté n'exigea rien de plus. Chacun fut confirmé dans ses droits et privilèges. Nulle coercition ne fut exercée pour enlever à l'Alsace sa physionomie propre. Elle ne fut nullement inondée de fonctionnaires étrangers à la province. Le Roi n'intervient pas dans sa vie quotidienne, il n'a pas la main lourde, il n'a même pas la main du tout dans le détail administratif. Il ne nomme aucun agent subalterne ; il ne supprime aucune des seigneuries locales qui s'interposaient entre le souverain et ses nouveaux sujets. Loin de chercher à faire disparaître ces intermédiaires, il aliène comme à plaisir les anciennes possessions directes de l'Autriche, si bien qu'à la veille de la Révolution, à part quelques places fortes, aucune parcelle du territoire alsacien ne relevait directement du Roi. Partout le seigneur local jouait le rôle d'Etat-tampon, soit qu'il datât d'avant la conquête, soit qu'il eût été investi depuis. Comme fonctionnaires administratifs nommés par le pouvoir central, il n'y a guère que l'intendant et les préteurs préposés à la surveillance des villes libres. Les gouverneurs militaires sont des personnages décoratifs qui ne jouent aucun rôle dans la francisation du pays, à qui on ne demande jamais d'en jouer un, et qui, pour la plupart, comme le comte d'Harcourt et Mazarin, seraient peu faits pour y réussir. On avait si peu songé à couler l'Alsace dans le moule uniforme des autres provinces, qu'on s'apercevra au moment des élections pour les Etats Généraux, qui devaient se faire par bailliages, qu'il n'y avait en Alsace ni bailliages ni baillis royaux.

En matière religieuse notamment, le Roi Très Chrétien se garda toujours avec soin de traiter l'Alsace comme le reste du royaume, sous le prétexte d'une vaine assimilation. La tentation n'était pourtant pas médiocre, en ce temps où le chef de l'Etat se croyait en conscience charge d'âmes.

Certes la royauté française s'efforça par tous les moyens de propager le catholicisme, et ces moyens ne furent pas tous très évangéliques. Il en coûtait beaucoup à un souverain absolu, qui se flattait d'avoir exterminé l'hérésie dans ses Etats héréditaires par la Révocation de l'Edit de Nantes, de la tolérer chez ses nouveaux sujets. Il se sentait pour ainsi dire offensé dans sa prérogative de monarque de droit divin en constatant que l'Alsace, un demi-siècle après sa réunion à la Couronne, comptait encore, suivant les évaluations de l'intendant La Grange, 86000 protestants (dont 12000 calvinistes) sur 257000 habitants. Et cependant le Grand Roi n'a pas cru devoir passer outre. Il s'est incliné devant l'intérêt national et devant sa parole royale. Il a respecté les engagements pris par Mazarin à la face de l'Europe au moment de l'annexion de l'Alsace, ceux, plus précis et plus récents, qu'il avait pris lui-même au moment de la réunion de Strasbourg.

La Révocation n'a pas été appliquée en Alsace. C'était d'une justice élémentaire assurément, puisque la liberté de conscience des luthériens d'Alsace, devenus Français en 1648, ne dépendait en rien de l'Edit de Nantes, qui l'avait garantie aux calvinistes de France cinquante ans auparavant. Soit. Il n'en est pas moins vrai qu'il y a là un fait considérable, et sur lequel on ne saurait trop insister.

Une lettre de Louvois, qu'on a retrouvée aux archives paroissiales de Bischwiller, prouve combien le gouvernement français tenait à ne laisser aucun doute sur ses intentions. « Je ne sais, écrit le tout-puissant ministre, sur quoi peut être fondée l'inquiétude que vous avez de ce qui se passe en France contre les gens de la R. P. R. (religion prétendue réformée), puisque vous devez savoir que Sa Majesté a l'intention de laisser les affaires de ladite religion en Alsace en même état qu'elles ont été jusqu'à présent. » Cette lettre, adressée à deux Suisses fixés à Strasbourg, grands fournisseurs de l'armée française, est datée du 17 novembre 1685, c'est-à-dire d'un mois à peine après la Révocation, qui est du 18 octobre. On y voit que non seulement les luthériens, mais même les calvinistes (les gens de la R. P. R.), sont en Alsace soustraits aux effets de la Révocation, ce qui atteste, mieux que n'importe quelle déclaration officielle, la prudence de l'Ancien Régime quand il s'agit des « choses d'Alsace. »

Les Alsaciens, constatait en 1697 l'intendant La Grange qui les pratiquait depuis près de vingt-cinq ans, « sont bons et d'une humeur docile : ils veulent être un peu guidés et ne quittent pas volontiers leurs anciennes coutumes. » La Grange, « le véritable conquérant civil de l'Alsace » (Reuss), était un de ces grands intendants de l'Ancien Régime qui se donnaient la peine, et à qui on laissait le temps d'étudier leurs administrés pour ne pas les choquer inutilement (1674-1698). Son intégrité n'est pas au-dessus du soupçon, son sens moral a subi des défaillances, mais son sens pratique n'en a connu aucune. Son monumental *Mémoire sur l'Alsace* est resté le manuel classique de l'administration française en Alsace jusqu'à la Révolution. Grâce à lui, le lien solide, mais élastique, qui renouait les Alsaciens à la France ne gênait ni leurs mouvements, ni leur attachement au passé, ni leur autonomie morale et intellectuelle.

La masse de la population, surtout dans les campagnes, « se ressent à peine, dit M. Reuss, de l'existence d'un ordre nouveau, et n'a que de rares points de contact avec les représentants de cet ordre de choses. » Quel contraste avec la tyrannie tracassière, inquisitoriale, pressée et pressante, de certains Etats modernes, qui ne songent qu'à passer le rouleau compresseur sur leurs populations annexées !

C'est surtout sur l'école et sur la caserne que comptent aujourd'hui les conquérants impatiens pour « démarquer » et nationaliser de force leurs nouveaux sujets. Ils se figurent qu'une langue imposée agit favorablement sur l'état mental et que le service militaire obligatoire sous un drapeau détesté inculque le loyalisme. On ne voit pas trace de pareilles prétentions dans l'attitude de l'ancienne France à l'égard de l'Alsace.

En ce qui touche l'école, c'est extrêmement simple. Le gouvernement ne s'en mêle pas, ou ne s'en mêle qu'accidentellement, lorsqu'un intérêt religieux est ou parait être en jeu. L'école en Alsace est toute au service de la religion, et non de l'Etat. Du haut en bas, l'enseignement est confessionnel.

L'Université de Strasbourg est protestante, elle est à peine un foyer de culture générale, et nullement un foyer de culture française. Les cours continuent à se faire uniquement en allemand, souvent par des professeurs allemands, et la seule intervention nationaliste qu'on puisse relever de la part du gouvernement de Louis XIV, c'est l'obligation de ne plus prendre que des professeurs indigènes. Encore laissa-t-on en fonctions, jusqu'à sa nomination à la Chambre impériale de Spire en 1698, le professeur de droit Frédéric Schrag, qui ne faisait pas mystère de ses sympathies allemandes. Il n'y a là rien de bien tyrannique. L'Académie catholique de Molsheim n'est pas davantage forcée de travailler *ad majorem régis gloriam*. Les Jésuites qui y professent appartiennent jusqu'en 1702 à la province de Trêves ; à cette date, l'Académie est transférée à Strasbourg sous le nom d'Université épiscopale et confiée à des Pères de la province de Champagne, mais ni l'esprit, ni le programme, ni la langue de l'enseignement (qui est le latin), n'en sont brusquement changés.

Le même caractère confessionnel et étranger à toute pensée de francisation systématique se retrouve dans les établissements d'enseignement secondaire. Les gymnases protestants, dont le plus célèbre est celui de Strasbourg, déjà centenaire en 1638, perdent du terrain ; les collèges catholiques en gagnent et sont favorisés par les autorités, mais cet appui ne s'explique que par des considérations religieuses. Gymnases et collèges sont également des écoles latines, où les élèves ne doivent pas employer la langue vulgaire, même entre eux, et la langue vulgaire est pour eux l'allemand. C'est seulement en 1753 que l'enseignement du français sera établi au gymnase de Strasbourg à raison de deux heures par semaine. L'humanisme étriqué, verbal et conventionnel de ces archaïques maisons d'éducation, les rendait aussi incapables qu'insoucieuses de toute propagande welche indiscrète.

Les écoles primaires, s'il est permis de qualifier ainsi les humbles et rudimentaires annexes de la sacristie que le clergé catholique ou protestant tient dans sa main, ont encore moins que les autres la prétention toute moderne d'être un instrument de règne. On y enseignait le catéchisme, un peu de lecture, encore moins d'écriture et de calcul, et nul assurément ne soupçonnait ce qu'on appellera plus tard l'enseignement civique. La fidélité au souverain était un dogme au-dessus de toute discussion, mais nul pédagogue n'était tenu de préconiser l'amour de la France, ni l'étude du français.

C'est toujours à cette même constatation qu'il en faut revenir. Les progrès de la France en Alsace sont tout spontanés, tout volontaires. La contrainte scolaire y est aussi étrangère que la contrainte administrative. Le grand principe du haut en bas est celui que formulait d'Angervilliers, intendant de 1716 à 1724 : travailler à ce que « les peuples ne fussent pas trop entretenus dans le goût et les mœurs de l'Allemagne, » mais sans tracasser personne inutilement. Par exemple, l'intendant de Lucé, fondant des cours d'anatomie à Colmar, Belfort, Wissembourg, écrivait : « Les démonstrations s'y feront en langue allemande, puisque c'est celle qui est le plus universellement entendue dans la province (26 novembre 1754). »

Dans ces conditions, la francisation ne pouvait être que lente, mais n'en est que plus solide dès le règne de Louis XIV. Ce qui concerne le for intérieur n'est pas toujours facile à démêler, parce que l'Alsacien est discret, peu expansif de sa nature et qu'il a la fierté de ne pas afficher à tout propos ceux de ses sentiments dont la manifestation peut paraître profitable. Au contraire, le progrès de la culture et surtout de la langue française est mesurable. Au moment de l'annexion, le nombre des Alsaciens connaissant le français était fort restreint. Paysans et artisans n'en avaient aucun besoin, sauf dans les quelques districts français de langue du Sundgau et des Hautes-Vosges. C'est seulement dans les familles nobles, dans la haute bourgeoisie, dans le monde savant, qu'on est bilingue, et c'est un mérite assez rare pour qu'on en fasse compliment. Ainsi, dans l'oraison funèbre d'un seigneur de Ribeaupierre, en 1638, le pasteur rappelle avec éloge que l'illustre défunt parlait aussi couramment l'allemand que le français. Pourtant la nécessité de savoir le français était déjà reconnue et admise dans les villes, et, à partir de l'annexion, elle s'imposa davantage par le contact plus fréquent avec les agents ou visiteurs français, fort ignorants de l'allemand à de bien rares exceptions.

La femme d'un vieux conseiller du Conseil de Brisach disait en 1675 qu'elle n'avait connu, en toute sa vie, que deux Français capables de se mêler à une conversation en allemand. Les Alsaciens se trouvaient ainsi amenés, sans contrainte matérielle, à apprendre le français. Un édit de 1686, qui exigeait que les fonctionnaires locaux, même ceux des seigneuries protestantes, fussent catholiques, contribua à répandre la langue française, bien qu'il n'eût pas ce but.

Il fallut en effet, sur certains points, recourir à des immigrés, qui propageaient naturellement leur idiome maternel, même sans intention préconçue, puisqu'ils ne savaient pas celui du pays. Aussi le nombre des précepteurs et des écoles privées qui enseignent le français augmente, et, dans les villes importantes comme Strasbourg ou Colmar, les moyens de l'apprendre ne manquent plus à quiconque en éprouve le désir ou le besoin. Il y en a à tous les prix. Les fils de famille sont de préférence envoyés en France ; les moins aisés recourent aux échanges d'enfants. Les protestants vont à Genève, Montbéliard, Sedan ; les catholiques à Metz, Nancy, Besançon, Belfort. Même de simples artisans, dans les vingt dernières années du siècle envoient leurs fils en pays français. Des prônes et des prêches en français font leur apparition à Schlestadt, dès 1649, à Strasbourg en 1680, avant l'annexion. Mais la royauté française songe si peu à en faire une obligation, ou même à les encourager, que le prêche français fut supprimé à Strasbourg après l'annexion. Louis XIV ne veut pas en Alsace de prédicants français qui pourraient « pervertir » ses fonctionnaires. La Grange accorde aux réformés de Wolfisheim (près de Strasbourg) un pasteur suisse, « pourvu toutefois que ledit ministre ne sache pas la langue française. »

Dans les petites villes, laissées à elles-mêmes, spécialement en Basse-Alsace, le français ne gagne pas vite. En 1685, le Magistrat de Haguenau refuse un congé au sieur Wurtz, secrétaire de la ville, vu que pendant son absence il n'y aurait plus, en cas d'urgence, une seule personne dans la ville pouvant servir d'interprète. Un historiographe sérieux de la ville de

Lauterbourg va jusqu'à affirmer que, de 1680 à 1720, il ne s'y est rencontré qu'un seul autochtone sachant le français. La langue administrative locale est toujours l'allemand. Même à Strasbourg, les procès-verbaux des séances du Magistrat sont rédigés en allemand jusqu'en 1789. A Saverne, c'est seulement en 1699 que les comptes de la ville sont rédigés dans les deux langues.

Pour nous en tenir à un témoignage éclairé et impartial, le mieux est de dire avec La Grange qu'à la fin du XVIIe siècle, « la langue commune de la province est l'allemand ; cependant il ne s'y trouve guère de personnes un peu distinguées qui ne parlent assez le français pour se faire entendre, et tout le monde s'applique à le faire apprendre à ses enfants, on sorte que cette langue sera bientôt commune dans la province. »

C'est en effet ce qui se produit peu à peu au XVIIIe siècle, mais toujours par l'effet d'une bonne volonté que nul ne cherche à éperonner ni à violenter. Tout le monde y met au contraire beaucoup de bonhomie. A Réguisheim, on décide de prendre « un nouveau maître capable d'enseigner les deux langues ainsi que l'arithmétique. »

Le maître en fonctions confesse qu'il ne connaît pas l'orthographe française à fond et qu'il ne sait en arithmétique que les trois premières règles, et il offre de prendre à ses frais un aide pour ces deux matières. Malheureusement, il suffit de lire sa propre requête pour voir qu'il n'est pas plus fort en allemand qu'en français. On le remplace, mais on en garde d'autres qui ne sont pas beaucoup plus brillants. Partout ce sont les autorités locales qui s'arrangent à leur gré. Rien de plus patriarcal. La monarchie française, et les écrivains allemands sont bien forcés de le reconnaître, n'a jamais fait échec systématiquement à la langue allemande, et surtout n'a jamais songé à imposer la langue française par l'école.

C'est seulement en 1788 que le gouvernement de Louis XVI, constatant que, même à Strasbourg, « la plupart des gens du peuple » ne parlent et n'entendent que l'allemand, prescrivit l'ouverture de « plusieurs écoles où la langue française serait enseignée. » Et il ne s'agit là ni d'écoles française obligatoires, ni de fermeture des écoles allemandes, ni même d'écoles françaises d'où l'allemand serait exclu.

Sur l'étendue des progrès accomplis à la veille de la Révolution, les témoignages diffèrent un peu. Le *Patriotischer Elsaesser* (1776) affirme que « la langue française est comprise, non seulement dans les villes, mais même dans les villages, et parlée par presque tout le monde. » Dans ses *Mémoires*, Mme d'Oberkirch, qui fit le voyage d'Alsace à la même époque (1778 ; , est moins affirmative : « Les gens de basse classe, dit-elle, savent généralement peu le français. » Horrer, dans son *Dictionnaire géographique, historique et politique de l'Alsace*, dont le premier volume, le seul malheureusement que nous ayons, est de 1787, écrit au mot *Alsace* : « La langue française est aujourd'hui la langue ordinaire de tout ce qui est au-dessus du petit peuple, elle s'est même introduite dans les villages au point que tout Français peut s'y faire comprendre et qu'une partie des gens de la campagne le parlent de manière au moins à se faire entendre. »

En revanche, comme nous l'avons vu, le gouvernement constate en 1788 que, même à Strasbourg, « la plupart des gens du peuple » ne parlent et ne comprennent que l'allemand. De même l'application de la loi sur la procédure en français (1786) se heurte à la difficulté de trouver dans les campagnes des sergents capables de notifier les actes rédigés en français. « Dans presque tous les villages, dit le procureur général du comté de Ribeaupierre, il n'y a pas de sergent qui sache le français. »

On remarque jusqu'à la veille de la Révolution que presque tous les paysans signent même leur nom en caractères gothiques. Il semble donc bien que, si la langue française était devenue la langue ordinaire de « tout ce qui est au-dessus du petit peuple, » — et la publication de plus en plus courante d'ouvrages écrits en français par des Alsaciens en est la preuve, — elle n'est encore ni parlée ni comprise, sauf exceptions, dans la population rurale et ouvrière. C'est déjà un résultat considérable, d'autant plus que les idées françaises se sont infiltrées jusque dans les milieux où la langue n'a pas encore pénétré. Devons-nous faire honneur de cette évolution à la caserne, chargée dans certains Etats modernes de compléter le travail d'assimilation de l'école ? Certes, la terre d'Alsace est une terre de soldats, et elle en a fourni à la France plus que sa part, mais tous de leur plein gré. L'ancienne France n'a imposé à l'Alsace aucun service militaire. Les régiments cantonnés en Alsace y faisaient naturellement des recrues, mais nul n'était forcé d'en être. C'étaient d'ailleurs des régiments qui eussent été bien empêchés de travailler à la francisation de ceux qui y servaient, car on n'y parlait qu'allemand. Tels étaient Alsace-Infanterie, Alsace-Cavalerie, et surtout le Royal-Allemand. Ils étaient même plus allemands qu'alsaciens, si bien que les Cahiers de la noblesse d'Alsace en 89 demandent comme une faveur qu'on veuille bien y réserver aux nobles de la province la moitié des grades.

Il y avait bien, en dehors de l'armée régulière formée uniquement de volontaires, deux régiments de milice organisés par Louvois pour renforcer la défense en cas d'invasion subite. Ces deux régiments, de 1200 hommes chacun, étaient recrutés depuis 1691 par tirage au sort parmi les célibataires et veufs de 19 à 28 ans. D'ailleurs, depuis la paix de Ryswick, les miliciens ne font plus de service effectif : ils en sont quittes pour quelques jours d'exercice chaque année à Strasbourg ou à Colmar. La charge était légère pour ceux sur qui elle tombait, et elle tombait sur peu de monde. Ainsi, en 1764, le comté de Horbourg, en Haute-Alsace, fournissait cinq miliciens sur 223 hommes répondant aux conditions requises. On peut dire que l'Alsace, sous l'Ancien Régime, n'a pas connu d'obligation militaire, et cette immunité a contribué beaucoup plus sûrement à lui faire aimer notre drapeau que ne l'eût fait une incorporation forcée.

V

Ainsi ce n'est ni la bureaucratie, ni l'école, ni la caserne, qui ont fait la conquête morale et intellectuelle de l'Alsace. Et pourtant cette conquête était faite au fond des cœurs à la veille de la Révolution et elle éclatera à tous les yeux dès que la grande guerre européenne menacera la frontière française dont l'Alsace était la gardienne. A quelle raison l'attribuer ?

Il y a d'abord les raisons négatives, et nous les avons exposées indirectement., La France n'a pas cherché à s'imposer, ce qui est toujours une bonne condition pour y réussir. Elle n'a pas tenté de violenter l'Alsace, et c'est une première cause pour laquelle l'Alsace s'est donnée. Mais si l'absence de contrainte, le respect des coutumes et des consciences, peuvent rendre facile et honorable l'acceptation du fait accompli, il en faut davantage pour entraîner l'adhésion intime à une nouvelle patrie. Il faut pour franchir ce second pas des raisons positives.

Elles n'ont pas manqué pour l'Alsace. D'abord, il ne s'agissait pas pour elle d'un arrachement à une patrie dont elle eût conscience de faire partie. L'Allemagne n'existait pas à l'époque où l'Alsace était Allemande. Le Saint-Empire Romain-Germanique était un agrégat fort vague, où chaque élément gardait son individualité, ses intérêts, ses vues particulières.

L'Alsace se rappelait qu'elle n'y avait été incorporée par usurpation qu'au milieu du Xe siècle. Séparer l'Alsace de l'Empire au XVIIe siècle, ce n'était à aucun degré amputer un membre du corps sans lequel il éprouve qu'il ne peut vivre. Le corps germanique était encore invertébré. A chaque instant, et notamment au cours de la guerre de Trente Ans, des princes allemands faisaient alliance avec la France contre l'Empereur, sinon directement contre l'Empire. En Alsace même, beaucoup de seigneurs avaient coutume de recourir à la protection du roi de France. Il n'y avait, à proprement parler, ni patriotisme allemand, ni patriotisme alsacien, parce qu'il n'existait encore ni patrie allemande ni patrie alsacienne. On disait « les Allemagnes, » on aurait presque pu dire : les Alsaces. On ne savait même pas où finissait l'Alsace. Etait-ce à la Queich avec Landau, à la Lauter avec

95

Wissembourg ? L'empereur Maximilien, dès 1511, plaçait Landau en Basse-Alsace. Colbert de Croissy, dans son Mémoire de 1663, indique pour frontière la Lauter. La Grange tient pour Landau (1698), mais encore en 1702 son successeur, Le Pelletier de la Houssaye, avouait « qu'à la vérité les bornes de l'Alsace du côté de l'Allemagne n'ont pas encore été bien précisément décrites et délimitées. » C'est la France qui a fixé les contours de l'Alsace, ce qui est déjà un service.

Elle lui en a rendu d'autres. L'Alsace, épuisée par des siècles de guerres, s'est reconstituée sous le régime français. Les chiffres de la population, si approximatifs et discutables qu'ils puissent être, ne permettent pas d'en douter. Un recensement détaillé de 1695, dressé sur les ordres de

Vauban à l'occasion de son projet de dîme royale, aboutit à 246000 habitants. Ce chiffre concorde avec celui que donne La Grange en 1698. (La Grange donne 257 000, mais y compris Brisach et Fribourg-en-Brisgau). Le *Mémoire* déjà cité de Le Pelletier de la Houssaye indique pour 1702 un total de 235000 habitants, après défalcation des territoires de Brisach et du Brisgau, restitués par la paix de Ryswick. C'est à partir de cette date que la population grandit formidablement. Un état trouvé par M. Reuss aux archives de Strasbourg, porte 348 000 habitants en 1709. Ce chiffre paraît au moins prématuré, mais en tout cas on s'en rapproche au dénombrement de 1731 qui donne 340000 habitants, et on le dépasse sensiblement au recensement de 1750 qui compte 88698 feux, soit, à raison de cinq têtes par feu, 445 000 habitants.

A la veille de la Révolution, un nouveau bond est constaté. Les procès-verbaux de l'Assemblée des Notables en 1787 parlent de 624000 habitants. Le premier président du Conseil souverain de Colmar, dans une lettre au Garde des Sceaux, va même jusqu'à 700000. Sans prendre à la lettre ces chiffres d'une statistique encore en enfance, il reste indiscutable qu'en moins d'un siècle, la population de l'Alsace avait plus que doublé, peut-être presque triplé. C'est un premier signe de la prospérité publique.

Pour que la population se soit relevée, il a fallu que se relevât aussi, — et même d'abord, — l'agriculture, et, à sa suite, le commerce et l'industrie. C'était la grande tâche, et la royauté française n'a rien négligé pour la mener à bien. « On voit par les anciens registres, écrit La Grange, qu'avant les grandes guerres d'Allemagne, le nombre des villages, familles et feux de la Haute et Basse-Alsace montait à un tiers de plus qu'à présent. La raison de cette différence est que la plupart des villes et villages ont été ruinés ou brûlés, les uns entièrement ou en partie, les autres tellement abîmés que d'un grand nombre de villages qui, avant les premières guerres de Suède, étaient grands et florissants, il n'en est resté que le nom et on n'en connaît que les endroits où ils étaient situés. » Tout cela se releva par la culture. Les édits se succèdent, offrant des concessions de terres aux étrangers, des exemptions d'impôts pour les terres défrichées, des titres de propriété presque gratuits à ceux qui transformeront « en prés, champs ou vignobles » les broussailles ou taillis dont leurs possesseurs ne tirent pas parti. Les résultats ne se font pas attendre. Les céréales, les choux, — mets classique au pays de la choucroute, — les arbres fruitiers, la garance, le tabac, enfin et surtout la vigne, honneur des coteaux qui encadrent les vallées vosgiennes, reprennent possession du sol. Les forêts, « fort dégradées, » constate Colbert de Croissy, par le gaspillage des usagers riverains, sont sauvegardées par la mise en vigueur de la Grande Ordonnance de 1669. Dès la fin du siècle, l'Alsace produit près de 60000 muids de céréales, soit 700000 hectolitres. La Grange l'avait prédit peu auparavant : « Ce pays, étant fertile comme il l'est, se remettra entièrement à la paix. » Il acheva de se remettre au XVIIIe siècle, pendant lequel l'Alsace ne vit que deux fois l'ennemi. Le gouvernement pousse la sollicitude jusqu'à répandre en 1785 des brochures « imprimées par ordre du Roi » pour propager les bons procédés de culture.

Les industries s'éveillent ou se réveillent moins vite. Cependant il en est au moins deux qui se développent dès le début de la domination française : les brasseries de bière et les manufactures de tabac.

En 1650, il n'y avait à Strasbourg qu'une douzaine de brasseries, on en compte déjà vingt-six en 1723. Le tabac était encore honni et condamné du haut de la chaire au milieu du siècle, et déjà, en 1698, sa préparation occupait 1500 personnes à Strasbourg. En 1718, on y trouvait 72 manufactures, et leur tabac à priser, grâce à un tour de main, une « sauce, » dont le secret était jalousement gardé, s'exportait jusqu'en Hongrie et en Russie. Au XVIIIe siècle apparaît la grande industrie. Les cotonnades prospèrent à Mulhouse, — qui ne fait pas encore partie de l'Alsace, — à partir de 1745. On y cite une vingtaine de fabriques en 1789, occupant de 5 000 à 8 000 ouvriers, sans compter tous ceux qui en vivent indirectement. Comme la ville n'avait guère que 5 000 habitants, on voit que son industrie rayonnait au loin. Mme de Pompadour n'avait pas dédaigné de contribuer à cet essor économique en mettant à la mode les indiennes. Mais il est inutile d'entrer dans de plus amples détails pour montrer le développement industriel de l'Alsace sous le régime français. Rien n'est moins contesté.

Le commerce gagne de même en activité. Trois routes parallèles desservaient le pays du Sud au Nord, et la grande voie transversale de Strasbourg à Saverne les reliait toutes trois ; toutes ces routes sont promptement débarrassées des «chenapans» (détrousseurs de poulaillers), résidu des bandes de la guerre de Trente Ans, qui les infestaient depuis des années. En outre, tous les péages locaux sont supprimés, mais le commerce de l'Alsace resta orienté vers l'Allemagne, car un cordon de douanes l'isolait de la France. Elle était « province d'étranger effectif. »

Le Rhin, dont la navigation avait été proclamée libre par les traités de Westphalie, était la grande voie historique des échanges, et la paix lui redonna tout d'abord une animation considérable, surtout entre Strasbourg et Mayence.

Malheureusement, les endiguements qui furent exécutés à bonne intention, pour éviter les inondations, eurent comme effet de précipiter le courant et de déplacer à chaque instant le chenal navigable. Il fallait déjà une dizaine de jours pour remonter de Mayence à Strasbourg en 1650, il en faudra dix-huit en 1753, vingt-sept en 1786. Nul ne reprochera d'ailleurs au gouvernement français de n'avoir pas résolu au XVIIIe siècle un problème qui ne l'est encore que très imparfaitement aujourd'hui.

Au surplus, les avantages matériels peuvent contribuer à rendre supportable une annexion, ils ne suffiront jamais à la faire oublier. L'Alsace a goûté les avantages d'une police plus ferme, d'une justice plus égale, d'une paix mieux assurée ; mais il faut autre chose que le légendaire « plat de lentilles » pour gagner une population fière, consciente de sa valeur et nullement prédisposée à croire d'avance que sa civilisation est inférieure à celle de ses nouveaux compatriotes. Il faut, pour que le sentiment national s'enracine dans ces conditions chez les derniers nés de la Cité, que la Cité où ils entrent ait à leurs yeux du prestige. Si le changement de patrie apparaît, à tort ou à raison, comme une déchéance, il ne sera jamais subi que comme une épreuve provisoire. Des barbares se laissent assimiler par des peuples de civilisation supérieure, et c'est le cas de presque toutes les provinces romaines, mais des barbares n'arrivent pas à nationaliser des vaincus qui se sentent supérieurs à eux, et les exemples d'échecs de ce genre ne manquent pas jusque dans l'histoire contemporaine.

Or, la France de Louis XIV jouissait d'un prestige auquel nul ne se refusait à rendre hommage ; tous les princes allemands copiaient « le grand Roi, » et ce titre ne lui était pas contesté même par ses ennemis. Devenir sujet du Roi Très Chrétien ne donnait pas l'impression d'une *deminulio capitis*. Tout au contraire : même sous Louis XV, alors que la France est en décadence au point de vue militaire et politique, sa primauté intellectuelle n'est pas atteinte. Le grand Frédéric flatte le roi Voltaire. Son frère habite Paris et finit par y oublier sa langue maternelle. Anacharsis Cloots, baron prussien de bonne souche, se plaisait à rappeler qu'aux Écoles des Cadets les élèves-officiers de sa génération ne savaient pas l'allemand. Devenir Français, le devenir de plein gré n'avait donc rien que d'attirant pour une âme bien née.

Mais il y a autre chose. C'est en devenant Française que l'Alsace est devenue l'Alsace. Sa personnalité morale s'est dégagée au moment même, — et par le fait même, — de son entrée dans l'unité française. Il fallait, pour que l'Alsace devint réellement une de ces petites patries dont l'union fait la force de la grande, qu'elle fût libérée de la complication féodale qui comprimait son élan. Heureusement, ce travail de simplification a été favorisé par les circonstances. Dans la foule des petits organismes politiques entre lesquels se morcelait le pays, il s'en trouvait beaucoup qui, au XVIIe siècle, appartenaient encore à de vieilles familles indigènes, enracinées au sol, mêlées à tout son passé, vivant sur leurs terres de la même vie que leurs sujets et y dépensant leurs revenus. Au contraire, au XVIIIe siècle, la plupart de ces maisons sont éteintes, et leurs terres ont passé à des héritiers allemands, qui ne viennent plus en Alsace, qui en tirent des revenus pour les dépenser ailleurs, et qui y sont non seulement étrangers, mais impopulaires. Les « princes possessionnés, » comme on les appelle, détiennent un sixième du territoire, sont exempts d'impôts, et ne contribuent ni directement, ni indirectement, aux charges publiques. On le leur reproche aigrement. A la veille de la Révolution, on les accuse de toutes parts d' « accaparer l'argent de l'Alsace sans servir en rien l'Alsace. »

La « Commission intermédiaire, » nommée par l'Assemblée provinciale d'Alsace en 1787 pour « préparer tous les objets qu'elle croirait utiles, » ne craignit pas de se faire l'écho de ces plaintes. Et quand, après la nuit du 4 août, ces princes possessionnés protestent contre l'abolition de leurs droits féodaux, ils soulignent leur qualité de parasites et portent eux-mêmes le dernier coup à l'Ancien Régime de l'Alsace. L'intervention de l'Empereur en leur faveur est une des causes de la guerre entre la Révolution et l'Europe, et c'est pourquoi l'Alsace a pu voir avec raison dans cette guerre nationale une guerre qui était un peu la sienne, une guerre où elle combattait pour sa propre cause. Quand l'Alsacien Kellermann arrête les Prussiens à Valmy, il sauve à la fois sa grande et sa petite patrie.

Il y a là une des raisons, — peut-être insuffisamment mise on lumière, — de la conquête morale de l'Alsace par la France. Un comte de Ribeaupierre, par exemple, est quelque chose en Alsace, quelque chose de consacré, de respectable, de sympathique. On le trouve dans son château de Ribeauvillé. Quand son héritage passe à un gendre, le comte palatin de Birkenfeld (1673), le lien traditionnel se relâche, et il se relâchera davantage à chaque génération.

En 1789, 1e prince Maximilien, duc de Deux-Ponts, comte de Ribeaupierre, futur roi de Bavière, ne se soucie plus de ses domaines d'Alsace que pour les hypothéquer. Il commence même à dévorer son bien quand il n'en est encore que l'héritier présomptif. « Le prince Max était un bourreau d'argent, dit Mme d'Oberkirch. Le roi Louis XVI avait payé ses dettes, et il en faisait toujours de nouvelles. » Il a des courtiers à l'affût des capitaux à placer. Il a déjà donné en gage son comté de Ribeaupierre du vivant de son père (1782). Des lettres patentes de 1781 l'autorisent à emprunter un million sur ses terres de Basse-Alsace. On se plaint même qu'il n'y en ait que pour lui. Le duc de Wurtemberg, autre possessionné de marque, embusqué à Montbéliard, est à la recherche de 15000 livres en 1782, et ne les trouve pas. Le cardinal de Rohan, évêque de Strasbourg, est également criblé de dettes et, lui aussi, ne réside guère dans sa province.

Il n'en allait pas ainsi un siècle auparavant. Encore en 1718, l'intendant signale que le comte de Hanau vient de séjourner six mois dans ses terres d'Alsace et y a dépensé les 250000 livres de rente qu'il en tire. Les possessionnés, en perdant contact avec l'Alsace, ôtent toute raison de durer aux vieilles coutumes de l'époque du Saint-Empire. Ils ont travaillé à s'éliminer ; ils ont simplifié la situation : ils ont préparé l'unification de l'Alsace à laquelle ils étaient le principal obstacle. Quand il fallut constituer des districts, en application de l'Edit royal du 22 juin 1787 qui organisait des Assemblées provinciales partout où il n'existait pas d'États, on engloba pêle-mêle dans ces nouvelles subdivisions territoriales tout ce qui faisait partie d'un même ensemble géographique. C'était faire table rase de tout le chaos féodal et impérial. Il en fut de même quand furent créés les bailliages électoraux pour les Etats Généraux : on groupa les districts deux par deux. Les vieilles divisions, à partir de ce moment, apparaissent à tous comme des survivances sans objet, et les réclamations des princes possessionnés tombent dans le vide. L'œuvre d'unification de l'Alsace, ainsi accomplie comme par prétention, s'affirmera et se complétera pour le reste en même temps que l'unité française, de la nuit du 4 août à la Fête de la Fédération. L'Alsace unifiée entrait librement et joyeusement dans l'unité française. « Au sein de l'unité française, écrit M. Ch. Pfister, l'unité alsacienne s'était faite. »

L'Alsace avait terminé son évolution, l'Alsace était française, non plus par un traité, mais de sa libre volonté. Elle était française, sans avoir été francisée au sens brutal du mot. L'Alsace n'était pas assimilée ; elle ne cessait pas d'être alsacienne, elle l'était même plus que jamais, et n'avait ni à s'en cacher, ni à s'en excuser. Elle n'était francisée que dans la mesure, — d'ailleurs extensible, — où il était nécessaire et suffisant qu'elle le fût pour se sentir pleinement française. L'Alsace gardait sa physionomie : ce n'est pas l'écorce, c'est le cœur qui a pris les couleurs françaises. « Ils parlent en allemand, mais ils sabrent en français, » disait Napoléon.

Tel est le terme de ce long enfantement de l'Alsace française, œuvre patiente du temps, de l'esprit de race, de bienfaits qui n'exigent pas la reconnaissance comme un dû, de la communauté d'aspirations vers un idéal de justice et de liberté. En dégageant l'Alsace de son féodal maillot d'arlequin, la France lui a permis de courir à ses destinées. Malheureusement, le cours des destinées normales de l'Alsace a été interrompu par un retour offensif de l'ennemi séculaire. Une fois de plus, la barrière du Rhin a été forcée, et notre marche frontière violentée par l'envahisseur. En dépit de l'union persistante des cœurs et des esprits, les deux lèvres de la déchirure, après quarante-quatre ans, ont besoin d'être rapprochées par des mains expertes et légères. Nous aurons à restaurer, à « réadapter » cette Alsace qui nous revient meurtrie, et d'autant plus digne de sollicitude qu'elle est une de ces « éternelles blessées » de l'histoire auxquelles coûte cher l'honneur d'être en avant-garde. Sachant comment elle est devenue française sous l'Ancien Régime, rendons-lui aisé le retour au foyer. Qu'elle se sente chez elle en reprenant sa place parmi nous. C'est d'ailleurs ce que le général Joffre lui a promis dans la visite qu'il lui a faite. Nous n'avons à lui demander aucun sacrifice de sa personnalité provinciale, elle n'en demande aucun à notre unité nationale. Certes l'Alsace, remarque M. Vidal de la Blache, avait déjà le sentiment de son unité, alors même qu'elle était politiquement dispersée en « robustes individualités urbaines, villageoises ou régionales, » férues de leur autonomie ; mais elle n'a pleinement joué son rôle et réalisé sa personnalité qu'en retrouvant les autres membres de sa famille française. L'Alsace moderne ne serait pas ce qu'elle est, tout ce qu'elle est, si elle n'était pas l'Alsace française. Elle le sait. Et c'est pourquoi l'attachement de l'Alsace pour la France a, plus que dans toute autre province, quelque chose de l'amour filial qu'on éprouve pour une mère, — la mère patrie.

www.ingramcontent.com/pod-product-compliance
Lightning Source LLC
LaVergne TN
LVHW011209080426
835508LV00007B/680